EXERCICES PRATIQUES

DE

TENUE DES LIVRES

EN PARTIE DOUBLE

FAISANT SUITE AUX

EXERCICES DE LA TENUE DES LIVRES

EN PARTIE SIMPLE

à l'usage des Écoles primaires

PAR R. DÉTRICHÉ

INSPECTEUR DE L'INSTRUCTION PRIMAIRE, OFFICIER DE L'INSTRUCTION PUBLIQUE.

DEUXIÈME ÉDITION

BROUILLARD.

ANGERS

IMPRIMERIE-LIBRAIRIE DE E. BARASSÉ, RUE SAINT-LAUD, 83,

et chez tous les Libraires du Département.

PARIS

LIBRAIRIE ECCLÉSIASTIQUE, CLASSIQUE, ÉLÉMENTAIRE DE CH. FOURAUT,

Rue Saint-André-des-Arts, 7.

1870

EXERCICES DE LA TENUE DES LIVRES

EN PARTIE SIMPLE

Par **R. DÉTRICHÉ**, Inspecteur de l'Instruction primaire, Officier d'Académie, ancien régent des cours spéciaux au Collège de Saumur.

Les trois cahiers. . . . . **1 fr. 35.**

Partie du Maître . . . . **1 fr. 30.**

J.-P. GUZZI.

Grammaire anglaise, 1re *partie*, rédigée sur le plan des Grammaires françaises avec un *Cours de thèmes* sur les différentes parties du discours (3e édition). — Prix....... **1 fr. 50**

Grammaire anglaise, 2e *partie*, ou syntaxe, rédigée sur le plan des Grammaires françaises avec un *Cours de thèmes* sur la syntaxe (2e édition). — Prix................................. **2 fr'**

Recueil de Versions anglaises, ou morceaux choisis en prose et en vers des meilleurs classiques anglais, avec des notes grammaticales. — Tome I, à l'usage des classes de Troisième et de l'Enseignement spécial (2e édition). — Prix................................. **1 fr. 50**

Recueil de Versions anglaises, ou Morceaux choisis en prose et en vers des meilleurs classiques anglais, avec des notes grammaticales. — Tome II, à l'usage des Cours facultatifs. — Prix... **2 fr.**

Traduction du Recueil de Versions anglaises, ou Morceaux choisis en prose et en vers des meilleurs classiques anglais. — Tome I. — Prix................... **1 fr. 50.**

Dialogues familiers, ou introduction à la Conversation anglaise sur toutes sortes de sujets, précédés d'un Vocabulaire des noms, des adjectifs et des verbes les plus usités, conformément au plan d'études de 1852 (3e édition). — Prix................................. **1. fr. 50**

ALIX ET DAVAU.

Grammaire française, rédigée d'après les règles de l'Académie ; 4e édition, revue avec le plus grand soin. Ouvrage divisé en deux parties : la partie élémentaire, et une autre partie pour les élèves plus avancés. Adopté à l'école des Arts et Métiers d'Angers, et dans beaucoup de maisons d'éducation. Un fort vol. in-12. — Prix, cart... **2 fr.**

L'Abrégé. Un vol. — Prix... **1 fr.**

La Grammaire française en exemples, ou exercices grammaticaux extraits des auteurs français. Un vol. in-12. — Prix, cart................................. **2 fr.**

L'Abrégé, un vol. — Prix... **1 fr.**

L'ABBÉ TARDIF.

Méthode élémentaire et pratique de Plain-Chant, approuvée par Mgr l'évêque d'Angers, à l'usage de tous les diocèses, et particulièrement à ceux qui ont adopté le chant de Rennes. — Un beau vol. in-8° raisin. — Prix................................. **3 fr. 50**

AUG. BRISSEBARRE.

Modèle expliqué de portatif de gros, à l'usage des marchands de vin, cidre, eaux-de-vie et liqueurs en gros, avec différents Tableaux de réduction ou coupage des Alcools ou Esprits, etc. Présenté à l'administration des Contributions indirectes. — Prix................. **2 fr.**

EXERCICES PRATIQUES

DE

TENUE DES LIVRES

EN PARTIE DOUBLE

FAISANT SUITE AUX

EXERCICES DE TENUE DES LIVRES

EN PARTIE SIMPLE

à l'usage des Écoles primaires

PAR R. DÉTRICHÉ

INSPECTEUR DE L'INSTRUCTION PRIMAIRE, OFFICIER DE L'INSTRUCTION PUBLIQUE.

DEUXIÈME ÉDITION

BROUILLARD.

ANGERS

IMPRIMERIE-LIBRAIRIE DE E. BARASSÉ, RUE SAINT-LAUD, 83.

et chez tous les Libraires du Département.

PARIS

LIBRAIRIE ECCLÉSIASTIQUE, CLASSIQUE, ÉLÉMENTAIRE DE CH. FOURAUT,

Rue Saint-André-des-Arts, 7.

1870

Abréviations employées dans les Exercices.

Art. — Article.
B^{ce}. — Balance.
Barr. — Barrique.
B/. — Billet.
B/. O/. — Billet ordre de.
C^{se}. — Caisse.
Cte. — Compte.
C^{on}. — Commission.
Esc^{te}. — Escompte.
F^{re}. — Facture.
F. — Franc.
Kil. — Kilogramme.
M. — Mètre.
M^{ses}. — Marchandises.
M/. B/. O/. — Mon billet ordre de.
Nég^{t}. — Négociant.
N/. — Notre.
O/. — Ordre.
P. $^o/_o$. — Pour cent.
S/. — Son, sa.
S/. O/. — Son ordre.
S/. B/. M/. O/. — Son billet mon ordre.
T^{te}. — Traite.
Tonn. — Tonneaux.
Suiv^{t} Inv. — Suivant inventaire.

La tenue des livres est l'art de tenir des notes exactes, en bon ordre, et en temps convenable, de toutes les affaires d'un négociant.

La loi, du reste, ne prescrit aucun mode particulier de rédaction pour les articles. Cependant ils sont, en général, libellés selon des conventions admises par tous les comptables.

Deux méthodes sont en usage dans le commerce : la partie simple et la partie double.

Dans la partie simple, on se borne à inscrire les affaires à mesure qu'elles ont lieu, en mentionnant seulement dans chaque article le nom du débiteur ou celui du créancier.

Cette méthode est suffisante au petit commerce, pour indiquer les ventes et les achats faits à terme ; les personnes qui doivent ainsi que celles à qui il est dû.

Le commerçant peut encore, à l'aide de cette tenue de livres, s'assurer de sa situation à l'égard de toutes les personnes avec lesquelles il fait des affaires à terme ; l'examen de chaque compte, au grand-livre, lui indiquera aussitôt s'il est débiteur ou créancier ; et le solde de tous les comptes de ce registre, ce qu'il doit et ce qui lui est dû.

Ses livres auxiliaires lui feront connaître les valeurs en portefeuille, les billets qu'il a souscrits ; le livre de caisse, ce qu'il a reçu et dépensé. S'il ajoute le montant des marchandises en magasin, et qu'il établisse la balance entre toutes ces valeurs, il trouvera son capital présent qui, comparé à celui de l'année précédente, lui donnera sa situation relative.

Enfin il peut, en additionnant le journal, connaître le montant de ses opérations, et si le total est égal à celui qui résulte de l'addition du débit et du crédit de tous les comptes au grand-livre, il aura la certitude qu'on a porté sur ce registre tous les articles qui figurent au journal.

Là s'arrêtent les moyens de vérification offerts par cette méthode ; si des omissions ont eu lieu, si un compte a été crédité au lieu d'être débité, si le comptable a porté au débit ce qui devait être au crédit, la partie simple est insuffisante pour signaler ces erreurs, qui ne seront guère réparées que sur la réclamation des intéressés.

La tenue des livres en partie simple n'offre donc, dans le grand commerce, aucun moyen sérieux de contrôle, aucune certitude mathématique. Elle n'offre, du reste, aucune trace des frais généraux si importants à connaître.

Cette méthode ne suffit donc plus au négociant désireux de se rendre un compte sérieux, exact de ses opérations ; de connaître celles qui lui ont procuré des bénéfices ou qui lui ont causé des pertes ; le moyen d'augmenter les uns et de diminuer les autres. Si la source même d'où provient le bénéfice ou la perte lui était connue, il pourrait ainsi donner de l'extension à certaines transactions avantageuses et restreindre les autres ; modifier ses opérations, diminuer ses frais ; en un mot, agir en connaissance de cause, et par là même avec certitude.

Cette insuffisance de la partie simple a fait adopter la partie double employée dans la banque, au trésor, dans la comptabilité des chemins de fer, le grand commerce, etc.

PARTIE DOUBLE.

La tenue des livres en partie double consiste à faire figurer dans le même art. le débiteur et le créancier. En vertu de cette double indication, on inscrit deux fois toutes les sommes sur le grand-livre ; au débit du compte débiteur et au crédit du compte créditeur : c'est ce double emploi qui a donné son nom à la méthode.

L'objet principal de cette méthode est d'établir une vérification constante des différents comptes les uns par les autres.

En vertu de l'axiome :

« *Il n'y a pas de débit sans crédit,* »

Toute valeur qui figure au débit d'un compte doit figurer au crédit d'un autre compte : de là une balance ou égalité parfaite entre le *Doit* et l'*Avoir* des opérations commerciales faites pendant un certain temps.

Mais si dans toutes les opérations où figurent un débiteur, il doit y avoir un créancier et réciproquement, il paraîtra tout d'abord assez difficile à comprendre que des marchandises achetées ou vendues au comptant puissent fournir les deux termes nécessaires à la rédaction de l'article. Car dans la vente, le négociant fournit les marchandises ; il est créancier. Mais il reçoit les espèces, il devient débiteur. Cette double situation contradictoire, puisque le négociant se doit à lui-même, ne saurait exister, sans nuire à la régularité et à la clarté des écritures.

Il a donc fallu établir une convention à l'aide de laquelle toutes les opérations puissent fournir les éléments nécessaires à la rédaction d'un article de journal. De là la nécessité des comptes généraux, personnification fictive des différentes matières faisant l'objet du commerce.

Le nom du commerçant disparaît, il est vrai, dans cette création, mais il est remplacé par les cinq comptes généraux suivants qui opèrent entre eux comme des personnes s'occupant de ventes et d'achats, de recettes et de dépenses ; en un mot, de toutes les opérations de commerce.

Des cinq Comptes généraux.

Le commerce a pour auxiliaires cinq objets principaux qui lui servent constamment de moyens d'échange :

1° Les marchandises ;
2° La caisse ou les espèces ;
3° Les effets à recevoir ;
4° Les effets à payer ;
5° Les profits et pertes (1).

Ces comptes, mis à la place du négociant, doivent être considérés comme des personnalités susceptibles de recevoir et de donner, et par conséquent d'être débités et crédités, de faire, en un mot, toutes les opérations actives ou passives que feraient les individus mêmes qui tiennent ces comptes.

---

(1) Ces cinq comptes sont dits *Comptes généraux*, par opposition aux comptes particuliers qui sont ouverts aux personnes.

Ces principes établis, les élèves devront bien se pénétrer des règles suivantes qui n'admettent pas d'exception :

1° Le compte de marchandises doit être débité de toutes les marchandises achetées qu'elles entrent ou non en magasin, et crédité de toutes celles qui sont vendues et expédiées ;

2° Le compte de caisse doit être débité de toutes les espèces reçues et mises en caisse, et crédité de toute somme donnée en paiement à quelque titre que ce soit ;

3° Le compte d'effets à recevoir doit être débité de tous les billets de cette espèce que l'on reçoit, et crédité de tous les billets tirés du portefeuille et donnés en paiement, soit qu'on les négocie, soit qu'on en touche le montant à leur échéance ;

4° Le compte d'effets à payer doit être crédité de tous les billets souscrits et donnés en paiement, et débité quand un de ces billets rentre, soit qu'il ait été remis en paiement ou que la valeur en ait été payée à l'échéance ;

5° Le compte de profits et pertes doit être débité de toutes les pertes éprouvées par le négociant par une cause quelconque, et crédité de tous les bénéfices résultant de ses opérations commerciales ou autres.

Ce dernier compte peut avoir besoin de quelques éclaircissements :

Quand un négociant fait un bénéfice plus ou moins considérable, ce bénéfice se traduit généralement en espèces que reçoit la caisse. Elle doit doit donc être débitée de la valeur reçue. La caisse alors est supposée avoir reçu cette valeur d'un être fictif nommé profits et pertes. Le compte de profits et pertes doit donc être crédité.

De même, si le négociant fait une perte, s'il paie des frais pour une cause quelconque, la caisse doit être crédité des espèces qu'elle a fournies. Le compte de profits et pertes, considéré comme ayant reçu ces valeurs, doit alors être débité.

Ainsi l'on voit qu'à l'*Avoir* de ce compte sont réunis les bénéfices réalisés, et au *Doit* les pertes éprouvées par le commerçant.

La connaissance de ces comptes généraux et de leur mécanisme est la base fondamentale de ce système de tenue de livres. Quand *leur* usage est bien connu, l'art de tenir les livres en partie double ne consiste plus que dans la rédaction, jour par jour, des écritures de toutes les opérations du commerçant, à mesure qu'elles ont lieu, en débitant au journal la personne ou le compte qui reçoit l'objet dont on passe écriture, et en créditant, dans le même article, la personne ou le compte qui fournit.

Exemple :

J'ai vendu à Jean, d'Angers, 100 mètres de toile, à 3 fr. le mètre.

L'article sera ainsi rédigé au journal :

Jean, d'Angers, à marchandises fr. 300, prix de 100 mètres de toile à 3 fr. le mètre.

Les lacunes, erreurs, nécessitant des ratures, surcharges, renvois, etc., dans un art. du journal, sont défendues par la loi; il est donc nécessaire d'écrire, en premier lieu, les art. sur un registre, d'où ils seront extraits pour être copiés au net sur le journal prescrit par la loi.

Après cette opération, des comptes sont ouverts, par *Doit* et *Avoir*, sur un 3ᵉ livre, tant aux personnes qu'aux choses débitées ou créditées au journal.

Trois registres sont donc nécessaires :

BROUILLARD.

1° Le brouillard, sur lequel on inscrit chaque opération aussitôt qu'elle est terminée. En donnant à ce registre la forme et la disposition adoptées pour le journal, on facilitera le travail. Ce livre, sur lequel plusieurs personnes sont appelées à écrire, n'étant qu'un livre de notes, la rédaction qui donnera de l'opération la connaissance la plus complète sera la meilleure.

On inscrira donc en tête de l'art., entre deux petits traits, la date du mois.

Sur une autre ligne : la vente ou l'achat au comptant ou à terme ; le nom et l'adresse de celui qui paie ou reçoit ; les valeurs reçues ou données en paiement ; enfin, tous les détails propres à renseigner le comptable chargé du journal.

Exemple :

Janvier 2.

J'ai acheté à Dufour, de Saumur, 10 barriques de vin rouge, à 200 fr. la pièce. Je lui ai remis à valoir :

M/. B/. S/. O/. de ce jour, fr. 1,000, payables fin mars, et 300 fr. en espèces . . . . 1,300 fr.

Il est nécessaire de faire connaître la nature de la marchandise, la couleur, le n° s'il y en a, les dimensions, le poids, etc. Il vaudrait mieux donner trop que trop peu de détails.

JOURNAL.

2° Le journal est prescrit par la loi : toutes les opérations du négociant doivent être inscrites par ordre de dates, sans lacunes dans la rédaction, lignes laissées en blanc, sans rature, surcharges, etc. C'est la copie du brouillard. Les articles y sont rédigés d'après des formules admises et qui ont pour but d'établir clairement le débiteur et le créancier.

GRAND-LIVRE.

3° Le grand-livre est l'extrait du journal. On ouvre, sur ce registre, un compte par *Doit* et *Avoir*, à chaque personne et à chaque objet débités ou crédités au journal ; on porte au débit ou au crédit de chaque compte la somme qui figure à l'article du journal.

Outre ces trois livres nécessaires, il y en a d'autres appelés auxiliaires, dont le nombre et la forme sont subordonnés aux affaires du négociant. On trouve partout : un livre de caisse, un carnet d'échéances des effets à recevoir, une copie des effets à payer, un livre de balance mensuelle, et, dans quelques maisons, un livre d'entrée et de sortie des marchandises, ou livre de magasin. On trouvera plus loin des modèles de ces livres, et des explications sur leur usage.

Le livre de magasin est souvent impossible en raison du grand nombre d'art. de nature différente tenus par une maison. On le remplace alors par deux livres connus sous le nom de *livres d'achats* et *livres de vente*.

Au livre d'achats, on copie toutes les factures des vendeurs.

Livre d'achats.

Janvier 1.

AVOIR Germain, d'Angers, sa facture :
10 tonneaux de vin rouge à 300 fr. le tonneau, payables à trois mois. . . . . | 3000 |

(Voir le premier article du brouillard.)

Au livre de ventes, on inscrit toutes les factures de notre commerçant et qu'il joint aux marchandises expédiées ou qu'il transmet par la poste.

Livre de ventes.

Janvier 4.

DOIT Germain, d'Angers, suivant ma facture de ce jour :
1,200 kilogr. de savon, à 1 fr. le kilogr. . . . 1200 » |
1,000 d° à 0 fr. 80 c. le kilog. . . 800 » | 2000 |

Ces deux livres tiennent lieu de livre de magasin et sont une copie du brouillard par *Doit* et *Avoir*.

A la fin du mois, on balance ces deux livres, et l'on obtient ainsi le montant des marchandises restées en magasin. Un examen sommaire du commerçant lui permet de s'assurer, par approximation, de la valeur de l'opération.

De l'inventaire.

Nous ne répéterons point ce que nous avons déjà dit de l'inventaire (*voir la 1ʳᵉ partie*). Nous donnerons seulement le détail de l'inventaire nécessaire à l'ouverture, en partie double, des livres de M. Grosbois.

Inventaire général, tant des marchandises en magasin, argent en caisse, effets en portefeuille, que des dettes actives et passives de Félix Grosbois, négociant à Saumur.

ACTIF.

Marchandises en magasin :

3 tonneaux de vin rouge, à 1000 fr. l'un..	3000	»
200 mètres de drap, à 10 fr. le mètre. .	2000	»
1050 kilog. de café, à 2 fr. le kilog. . .	2100	»
3 caisses d'indigo, à 1000 fr.	3000	»
8 balles de coton, à 50 fr. l'une . . .	400	»

10500 »

Argent en caisse et billets de banque 61634 66

Effets en portefeuille :

B/. de Loiseau, d'Angers, 1ᵉʳ mars 1867..	4000	»
B/. de Charles, de Tours, 1ᵉʳ mai 1867. .	2000	»
B/. d'Oger, de Beaufort, 1ᵉʳ juin 1867. .	1000	»
B/. de Baron, de Cholet, 25 juin 1867. .	1500	»

8500 »

Effets mobiliers évalués. . . . . 10000 »

(L'estimation doit en être faite pour chaque nature d'objets.)

Débiteurs par compte :

Manceau d'Orléans, pour solde de compte.	7000	»
Arnault, de Nantes, pour solde de compte.	4000	»
Abraham, de Doué	2400	»

13400 »

Total de l'actif. 104034 66

PASSIF.

Effets à payer :

M/.B/.O/.de Joseph, de Paris, 31 mai 1867.	2000 »	
M/.B/.O/.de Delarue, d'Angers, 1er juin 1867	1000 »	10500 »
Traite d'Aubert, de Tours, que j'ai acceptée 1er juin.	7500 »	

Créanciers par compte :

Joly, de Nantes, pour solde de compte. .	3000 »	
Laroche, de Paris, pour solde de compte..	100 »	7400 »
Delahaie, de Beaufort, pour solde de compte	3000 »	
Bachelier, de Paris, pour solde de compte.	1500 »	

Total du passif.	18100 »

RÉSUMÉ.

Actif.		Passif.	
Marchandises en magasin......	10500 »	Billets à payer et traite........	10500 »
Espèces et billets en caisse.....	61634 66	Créanciers pour compte.......	7600 »
Effets à recevoir	8500 »	Total..........	18100 »
Effets mobiliers.............	10000 »		
Débiteurs par compte.........	13400 »	Portant mon capital net à......	85934 66
Total...........	104034 66	Total..........	104034 66

Je certifie la sincérité du présent inventaire, conforme à mes livres et se soldant par quatre-vingt-cinq mille neuf cent trente-quatre francs soixante-six centimes, représentant mon capital net au trente et un décembre mil huit cent soixante-six.

Saumur, le 1er janvier 1867.

GROSBOIS.

QUESTIONNAIRE.

Définition de la tenue des livres.

Exposez sommairement les moyens de contrôle offerts par la tenue des livres en partie simple.

Comment s'assurer, à l'aide de cette méthode, de la régularité des écritures ?

Quand cette méthode devient-elle insuffisante ?

Qu'est-ce que la tenue des livres en partie double ?

Quel est le principe fondamental de cette méthode ?

Q'appelle-t-on comptes généraux ?

Quels sont-ils ?

Quelle en est l'utilité ?

Quand faut-il débiter ces comptes ? — L[e] créditer ?

Que réunit le Doit du compte de profits [et] pertes ? — L'Avoir ?

Comment le Brouillard doit-il être tenu ?

Le Journal ?

Le Grand-Livre ?

Quels sont les livres auxiliaires ?

Les énumérer et en faire connaître l'usag[e]

Qu'appelle-t-on livre de magasin ?

Par quoi peut-il être remplacé ?

Quelle est l'utilité des livres d'achats et d[e] ventes ?

Comment se tiennent ces livres ?

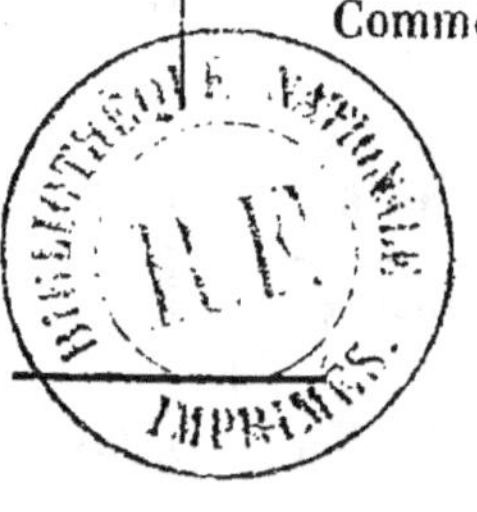

BROUILLARD.